知识产权

|中学版|

刘志伟　著

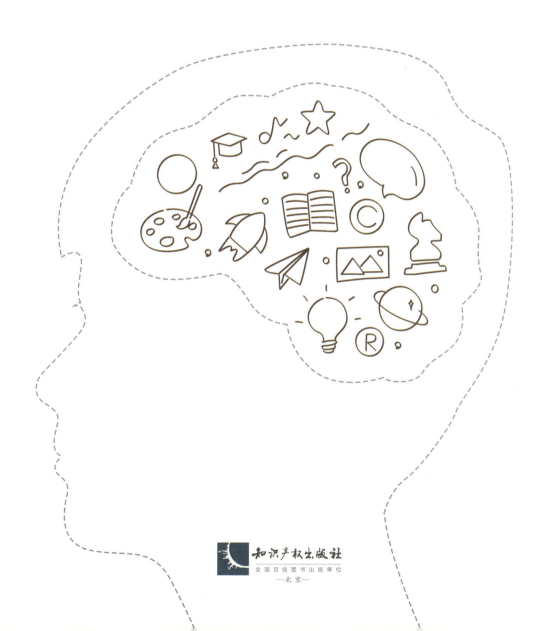

知识产权出版社

全国百佳图书出版单位

——北京——

图书在版编目（CIP）数据

知识产权：中学版 / 刘志伟著. — 北京：知识产权出版社，2024.7

ISBN 978-7-5130-9168-8

Ⅰ. ①知… Ⅱ. ①刘… Ⅲ. ①知识产权—中国—青少年读物 Ⅳ. ①D923.4-49

中国国家版本馆CIP数据核字（2023）第257208号

责任编辑：李陵书 　　　　　　　　　　责任校对：王　岩
封面设计：研美设计 　　　　　　　　　责任印制：刘译文

知识产权（中学版）

刘志伟　著

出版发行：	知识产权出版社 有限责任公司	网　　址：	http://www.ipph.cn
社　　址：	北京市海淀区气象路 50 号院	邮　　编：	100081
责编电话：	010-82000860 转 8165	责编邮箱：	lilingshu_1985@163.com
发行电话：	010-82000860 转 8101/8102	发行传真：	010-82000893/82005070/82000270
印　　刷：	三河市国英印务有限公司	经　　销：	新华书店、各大网上书店及相关专业书店
开　　本：	787mm×1092mm　1/16	印　　张：	6
版　　次：	2024 年 7 月第 1 版	印　　次：	2024 年 7 月第 1 次印刷
字　　数：	84 千字	定　　价：	30.00 元

ISBN 978-7-5130-9168-8

致同学们

你喜欢创新创造吗？你知道如何保护自己的知识产权吗？你知道知识产权对于个人、企业和国家发展有何意义吗？本书将为你解答。

知识产权是保护人们智力成果的一种无形财产权。它主要包括专利权、商标权、著作权等。

对国家发展来说，知识产权太重要了！知识产权是知识经济时代企业最重要的资产之一，知识产权的数量与质量已成为企业竞争力的有力保证。在经济全球化的今天，科技创新已成为提高综合国力的关键因素，谁抓住了科技创新的机遇，谁就能在国际竞争中抢占先机，赢得优势。创新是引领发展的第一动力，知识产权作为国家发展战略性资源和国际竞争力核心要素的作用更加凸显。

少年强，则国家强。青少年不仅是家庭的精神寄托，更是国家的未来、民族的希望。帮助青少年理解、尊重、创造和保护知识产权，培养青少年新时代知识产权文化自觉和文化自信，具有重要意义。

那么，具体该怎么做呢？朝以下几个方面去努力，你会发现，知识产权课程的学习之旅充满乐趣！

☆为提出好问题而愉悦。"发现一个问题比解决一个问题更重要。"发现生活中的问题并提出解决的办法，行走在科学探索的路上。

☆为动手实践而兴奋。科学问题要靠实践来解决。通过实践体验科学探究的真谛，用知识创造价值。

☆为合作学习而快乐。乐于倾听，勇于表达，观点碰撞产生思想的火花；取长补短，分工合作，不仅提高学习效率，而且增进同学间的友谊。

☆为理解运用而自豪。知识产权学习旨在培养知识产权意识，培养创新素质，重在理解而不是背诵。

同学们，让我们一起走进知识产权的世界，探索知识产权创造和保护的奥妙吧！

刘志伟

2024年3月

目 录 / CONTENTS

第一章

认识知识产权

第二章

发明创造与专利

第三章

商标与品牌

第四章

创作与版权

第五章

弘扬创新文化，建设知识产权强国

第一章

认识知识产权

什么是知识产权

小明同学设计了一个卫浴节水系统的技术方案，但不知道这项技术方案是否有价值，是否享有知识产权。

学习目标

1.了解什么是知识产权。

2.了解知识产权的主要内容。

3.理解知识产权的主要特征。

学习探究

☆什么是知识产权

　　房子、车子等这些看得见、摸得着的资产，属于有形财产。而人类智力成果（主要包括发明创造；商业标识；文学、艺术和科学作品三大类），属于无形财产。

　　知识产权的英文为"Intellectual Property"，原意为"知识（财产）所有权"或者"智慧（财产）所有权"，也称智力成果权。**知识产权**，是一种无形财产权，是指个人或者组织就其智力成果所依法享有的专有权利。

　　知识产权制度作为保护人类智力成果的重要制度，是人类社会科技与经济发展到一定阶段的产物。国家通常对智力成果用法律加以保护，从而激励发明创造，推动社会发展。知识产权制度对把他人智力成果当作"免费午餐"的人说"不"。知识产权制度是促进人类经济发展、社会进步、科技创新、文化繁荣的基本法律制度。知识产权制度就是为了赋予创造者对其智力成果的控制权而建立起来的，目的在于促使人们创造出更多的智力成果，为人类谋福利。

资料卡

世界知识产权日的由来

2000年10月，世界知识产权组织第35届成员国大会系列会议通过了中国和阿尔及利亚共同提出的关于建立"世界知识产权日"的提案，决定从2001年起将每年的4月26日定为"世界知识产权日"，旨在提高人们对日常生活中知识产权的认识，加深人们保护知识产权以促进创造与创新的意识，赞美创造者与创新者

对社会发展作出的贡献，鼓励人们尊重他人的知识产权。之所以确定为每年的4月26日，是因为在1970年4月26日，《建立世界知识产权组织公约》正式生效，世界知识产权组织成立。每年的世界知识产权日，世界各地的人们都会思考知识产权怎么推动创新，我国相关机构也会策划和举办知识产权宣传周相关活动，提高公众的知识产权意识。

☆知识产权的主要内容

传统的知识产权主要包括专利权、商标权和著作权。专利权保护的是发明创造，商标权保护的是商业标识，著作权保护的是文学、艺术和科学作品。

专利权，是指法律赋予专利权人对其获得专利的发明创造在一定范围内依法享有的专有权利。1474年，威尼斯共和国颁布了世界上第一部专利法。该法规定，权利人对其发明享有10年的垄断权，任何人未经同意不得仿造与受保护的发明相同的设施，否则将赔偿百枚金币，并销毁全部仿造设施。1624年，英国议会颁布了《垄断法规》，其中包含了大量专利条款，该法被认为是世界上第一部具有现代意义的专利法，它的基本原则和某些具体规定被许多国家制定专利法时仿效和借鉴。18世纪末到19世纪初，欧洲大陆各国和美国相继实行了专利制度。

商标权，是指商标所有人在一定地域范围内，依法直接支配特定商标，并排除他人非法干涉的权利。商标是指商品的生产者、经营者或者服务的提供者为了标明自己、区别他人而在自己的商品或者服务上使用的具有显著性的符号。例如，有人喝"王老吉"凉茶，使用"中国电信"的手机信号服务，"王老吉"就是商品商标，"中国电信"就是服务商标。

著作权，也称版权，是指文学、艺术、科学作品的作者对自己的作品所享有的专有权利。例如，作家对自己的小说、漫画家对自己的漫画、摄影师对自己的摄影作品都分别享有著作权。加强著作权保护，有利于保障作者和相关权利人的合法权益，激励人们创作出更多有价值的作品，促进优秀作品的传播和利用，对于促进人类文化和科学事业的发展与繁荣具有十分重要的现实意义。

知识产权是一个开放的概念，它的内涵和外延是随着社会和人类认识的发展不断变化的。随着科学技术的迅猛发展，知识产权保护对象的范围也在不断扩大，商业秘密、地理标志、植物新品种、集成电路布图设计、互联网域名等，也逐渐成为世界各国知识产权制度保护的对象。

☆知识产权的主要特征

作为无形财产权，知识产权具有专有性、地域性和时间性三个主要特征。

专有性，也称为独占性或排他性，即知识产权权利人对其智力成果享有独占和排他的权利。未经权利人许可，任何单位或者个人不得使用权利人的智力成果。对于专利权、商标权等知识产权，专有性也意味着不允许存在两个以上完全相同的权利。例如，甲公司如果就某项技术方案申请专利并获得了专利授权，他人则无法就相同的技术方案获得专利保护。

地域性，是指根据一国法律所取得的知识产权，仅在该国法律管辖范围内受到保护，而在其他国家则不受该国法律的保护，除非两国之间有双边的知识产权保护协定，或共同参加了有关保护知识产权的国际条约。例如，甲公司在中国获得保护的专利权或商标权，在美国并不受到同样的保护，除非中美之间存在双边或多边协定。一般情况下，甲公司的专利或商标如果想在美国获得保护，就必须在美国进行申请并获得授权。

时间性，是指人们所获得的知识产权不是永久有效的，只在法律规定的期限内受到保护。各国法律对不同类型的知识产权分别规定了一定的保护期限。保护期限届满后，相关知识产权就会进入公共领域，成为全社会的共同财富，此时公众可以对其进行自由使用，不再受到知识产权权利人的限制。

实践练习

1.知识产权保护下列哪一项劳动成果？（　　）

A.智力成果　　B.体力成果　　C.教育成果　　D.商业成果

2.知识产权主要包括（　　）。

A.专利权、商标权、起诉权　　B.专利权、商标权、著作权

C.著作权、发明权、保护权　　D.商标权、版权、交易权

3.请画线将智力成果与它对应的知识产权类型连接起来。

发明创造　　　　　　　　　专利权

商业标识　　　　　　　　　著作权

文学、艺术和科学作品　　　商标权

4.世界知识产权日是每年的几月几日？

5.房子是一种有形财产，知识产权也是一种有形财产权，对吗？

6.知识产权的专有性强调知识产权的独占和排他，这是不合理的，对吗？

| 第二节 |

我们身边的知识产权

提出问题

在生活中，常听说有人购买盗版的书籍、玩具、球鞋等，价格比购买正版商品便宜很多。这种购买盗版商品的行为是否侵犯他人的权利？

学习目标

1.举例说明知识产权与我们的生活息息相关。

2.了解侵犯知识产权的案例，向侵权行为说"不"！

学习探究

☆知识产权无处不在

试想一下，假如没有著作权的保护，世界上有哪位作家愿意倾心创作，又有哪部优秀作品能完好留存并流传后世？假如没有专利保护，我们如何能走进5G时代？假如没有商标，何来的百年老店？而这些其实都是知识产权的范畴。

知识产权就在我们的生活、工作和学习之中，它无时不有、无处不在，与我们的日常生活息息相关。在我们的周围，大到生存环境，小到日常生活用品，处处都有知识产权的印迹。我们身边的日常用品，很多都涉及知识产权。例如，我们使用的笔记本电脑的芯片，涉及专利；穿的李宁

牌运动鞋、服装，涉及商标；自拍的照片、写的文章、看的电影、听的歌曲，涉及著作权。

　　仅一部手机就涉及丰富的知识产权。例如，手机的品牌涉及商标，手机的外观、芯片等与专利有关，手机里的软件、游戏、音乐、视频则涉及著作权。

手机的各种零部件

　　随着移动互联网技术的兴起和智能终端的普及，作品的复制和传播更加便捷。自媒体时代，每个人都能创作和传播作品。人们可以通过微博、微信、知乎、抖音、快手等平台发布自己的原创内容，如文字、图片、短视频等，这些都涉及知识产权。

同学们能找出生活中还有哪些东西与知识产权相关吗？

~~ 阅读与思考 ~~

　　马路边的书摊上，时尚杂志、儿童漫画、文学名著、名人传记……应有尽有。小明在书摊前一眼就看上了一本《铁道游击队》，拿起这本书爱不释手。可是他很快发现，书名上的"道"字写成了"到"。他马上意识到这是一本盗版书，这种书是不允许卖的！他把疑问告诉了书摊的老板，老板却不以为意地说："要买书就快买，不买就离开！"

　　思考：对于盗版书籍，我们可以买吗？为什么？

☆ 向侵权行为说"不"！

知识产权作为无形财产权，具有无形性及可复制性等特点，这些特点使得知识产权较之有形财产权，更容易受到侵害。现实生活中，不少人由于缺乏尊重和保护知识产权的意识，没有意识到侵犯知识产权形同"剽窃"或"偷盗"，往往在有意或无意中侵犯了他人的知识产权。

近年来我国不断加大保护知识产权的力度，盗版、假冒等侵犯知识产权的行为日益成为众矢之的，受到了严厉的打击，然而仍然有人存有侥幸心理，变换手法逃避查处，把侵权、假冒作为牟取暴利的捷径。保护知识产权始于心，支持创新发展践于行。我们应该坚决抵制知识产权侵权行为，向侵权行为说"不"！

～～～ 阅读与思考 ～～～～～～～～～～～～～～～～～～～

案例一：2022年1月，北京市公安机关根据网上摸排线索破获"1·01"制售盗版"冰墩墩""雪容融"案，抓获犯罪嫌疑人10名，打掉制假售假窝点6处，并深挖发现30余条线上线下线索。按照公安部统一部署，浙江、江苏、福建、陕西等十余省公安机关联动出击，集中破获一批侵犯冬奥知识产权犯罪案件，为北京冬奥会成功举办创造了良好的知识产权保护法治环境。

思考：侵犯他人知识产权，需要承担什么责任？

案例二：甲作曲、乙填词，共同创作了抒情歌曲《初恋》。后来甲无意间在同事家中听到一首名为《热恋》的低格调歌曲，该歌曲与他所创作的《初恋》曲调完全一样，甲一看盒带上署名为甲作曲、乙填词。甲又气又羞，去谴责乙，声称乙侵犯了自己的著作权，要求乙停止侵害并赔偿损失。乙辩称，原歌曲《初恋》系合作作品，自己只改写了歌词部分，这是法律所允许的，拒绝了甲的上述要求。甲无奈，诉诸法院。

思考：乙的行为是否构成侵权？

资料卡

怎样鉴别盗版书

如果说书是人类的精神食粮，那么盗版书就是发霉的饼干。花了正版书的价钱却买到了盗版书，比吃了发霉的饼干还要让人难受。

如何鉴别盗版书？下面介绍几种常用方法。

看封面：正版书的封面印刷精美，色彩鲜艳，文字清晰，令人赏心悦目；盗版书封面套色不均，印刷粗糙，颜色暗淡，有的甚至字迹模糊不清。

看封底：正版书的封底除图书价格之外还有一个重要的信息——条形码，图书条形码记录了图书的信息，通过扫描条形码就可以知道书的名称等信息。盗版书没有条形码或条形码模糊不清。

看纸张：正版书用纸规范，纸张平滑、厚薄均匀，且纸张为固定克数，油墨不会从正面渗透到背面。盗版书多采用劣质纸张，纸质粗糙，纸张往往发黄或薄厚不均，页面上的文字经常会透到另一面。

看文字：盗版书中经常出现错字、别字、病句等。正版图书经过严格的校对，出现错别字的情况较少。

看印刷：盗版书往往使用劣质油墨印刷，气味刺鼻，很多盗版书由于油墨铅含量严重超标，甚至会危害人体健康。而正版书的纸张和油墨往往散发着"书香味"。

看内容： 盗版书的内文容易出现重影、文字模糊等状况，还可能有缺页、多页、白页或纸张粘连等情况。

实践练习

1.下面哪些行为属于侵权行为？（　　）

A.小明同学抄写了语文课本中朱自清的散文《春》

B.甲歌手未经许可在演唱会上演唱了乙歌手拥有著作权的歌曲

C.电台未经许可在音乐节目中播放了甲歌手的歌曲

D.视频网站在未获授权的情况下播放了热播的电视剧

2.找一找：你身边可能侵犯知识产权的行为有哪些？你认为这些侵权行为会带来哪些危害呢？

3.想一想：如何才能让更多的人知道和了解知识产权？

保护知识产权意义重大

提出问题

知识产权制度是当今国际上通行的一项保护智力成果的法律制度。保护知识产权的重要意义有哪些？为什么要持续提升青少年的知识产权意识？

学习目标

1.说出保护知识产权的重要意义。

2.知道保护知识产权就是保护创新。

3.知道持续提升青少年知识产权意识的意义。

学习探究

☆ 保护知识产权的重要意义

当前，世界处于百年未有之大变局，我国开启全面建设社会主义现代化国家新征程，知识产权保护和科技创新工作面临着前所未有的复杂形势和严峻挑战。党的二十大报告提出，坚持创新在我国现代化建设全局中的核心地位，加快实现高水平科技自立自强，加快建设科技强国。知识产权制度是保护科技创新的一项基础性制度，在鼓励发明创造、促进科技成果应用、保护创新创造成果以及推动科技进步和经济社会高质量发展等方面起到了不可替代的重要作用。进入新发展阶段，贯彻新发展理念，构建新发展格局，科技创新面临日益艰巨繁重的任务，知识产权保护工作也迫切需要与时俱进、主动适应。

中国高铁

保护知识产权，有利于调动人们从事科技研究和文艺创作的积极性

知识产权保护制度致力于保护权利人在科技和文化领域的智力成果。只有对权利人的智力成果及其合法权利给予及时全面的保护，才能调动人们的创新主动性，促进社会资源的优化配置。

保护知识产权，能够为企业带来巨大经济效益，增强经济实力

知识产权的专有性决定了企业只有拥有自主知识产权，才能在市场上立于不败之地。越来越多的企业开始意识到技术、品牌、商业秘密等无形财产的巨大作用，而如何让这些无形资产逐步增值，有赖于对知识产权的合理保护。

保护知识产权，有利于促进对外贸易、引进外资和吸引外商投资

我国已于2001年12月1日加入世界贸易组织，履行《与贸易有关的知识产权协议》，保护国内外自然人、法人或者非法人组织的知识产权。如果没有知识产权保护，我国就不可能参与世界贸易活动。

～～ 阅读与思考 ～～

纵观人类历史发展，知识产权并非天然权利，而是工业文明

托马斯·爱迪生

的时代产物。以美国为例，美国是当今世界较早建立专利制度的国家之一。1790年美国颁布了第一部《专利法》。专利制度的出现保护了发明人的创造积极性，同时也给发明人带来了一定的经济收入，促进了社会进步。例如，被称为"发明大王"的爱迪生拥有白炽灯、留声机、电影放映机、摄影机等一千多项发明专利权，他的四大发明：留声机、电灯、电力系统和有声电影，改善并丰富了人类的文明生活。

世界知识产权组织2023年2月发布的数据显示，2022年，国际专利申请总量达27.81万件，是有史以来申请总量最多的年份。亚洲仍然是国际专利申请的主要来源，占2022年申请总量的54.7%，其中来自中国的国际专利申请量首次突破7万件，连续4年居世界首位。中国企业和教育科研机构的国际专利申请引发关注。2022年排名前20位的专利申请人中，有6家中国企业。华为公司申请了7689件国际专利，位居榜单第一。在教育领域，排名前20位的大学中有7所中国高校。多项数据显示，中国已成为名副其实的知识产权大国，是全球创新的引领者。

思考：通过以上例子，你认为知识产权制度重要吗？

☆ 保护知识产权就是保护创新

"嫦娥"揽月、"蛟龙"入海、"墨子"传信、"祝融"探火……近十年来，我国基础研究和原始创新不断加强，一些关键核心技术实现突破，战略性新兴产业发展壮大，在载人航天、探月探火、深海深地探测、超级计算机、卫星导航、量子信息、核电技术、大飞机制造、生物医药等领域取得重大成果，进入创新型国家行列。

在经济全球化的今天，科技创新已成为提高综合国力的关键因素，谁抓住了科技创新的机遇，谁就能在国际竞争中抢占先机，赢得优势。习近平总书记指出："创新是引领发展的第一动力，保护知识产权就是保护创新。"知识产权作为国家发展战略性资源和国际竞争力核心要素的作用更加凸显。创新发展是硬道理，知识产权是硬实力。知识产权，只有起点，没有终点。创新发展，只有逗号，没有句号。世界未来的竞争就是知识产权的竞争。加强知识产权保护是完善产权保护制度最重要的内容和提高国家经济竞争力最大的激励。

对于市场主体来说，若没有知识产权制度的激励和保障，创新动力会明显降低。试想，如果经历百般艰辛得到的创新成果可以被他人擅自利用，如果能"搭便车""走捷径"盗用他人的创新成果，那又有多少人愿意投入时间、精力和资金去从事创新呢？

此外，没有知识产权制度的定规立矩，创新成果的商品化、市场化、产业化也无法在良好秩序下稳健前行。那么，整个社会将难以获得充沛而持久的创新供给。可以说，知识产权法惩处的是侵权，保护的是创新，追求的是高质量发展的绩效和大众的长远福利。

〜〜〜 **阅读与思考** 〜〜〜〜〜〜〜〜〜〜〜〜〜〜〜〜〜〜

格力电器一直坚持走科技创新之路，以技术研发作为保持竞争力的秘密武器，每年投入大量研发经费。截至2023年5月，格力电器累计申请专利数量已突破11万件。基于强大的科技创新实力，格力电器的产品覆盖消费品和工业装备两大领域，产品种类众多。根据欧睿国际发布的数据，2021年格力家用空调全球市场占有率达20.2%，登顶全球第一名。《2022年度中国中央空调行业草根调研报告》显示，格力电器以超200亿元的市场规模拿下2022年度中央空调市场规模行业第一。这也是自2012年以来，格力电器连续11年在中央空调市场中拔得头筹。正是由于格力电器对创新的坚守，对研发投入的不设限，对实现消费者美好生活愿景的追求，才将一项项"国际领先"技术牢牢掌握在自己手中。

思考： 通过以上例子，你明白了什么道理？

☆ 持续提升青少年知识产权意识的意义

中共中央、国务院印发的《知识产权强国建设纲要（2021—2035年）》指出要"建设促进知识产权高质量发展的人文社会环境"，其中特别强调"进一步推进中小学知识产权教育，持续提升青少年的知识产权意识"。

在中小学开展知识产权教育，是实施素质教育的一个重要内容。引导学生树立"尊重知识、崇尚创新、诚信守法、公平竞争"的知识产权文化理念，十分有利于提高学生的科学素质和人文素养。通过知识产权教育，可以实现"教育一个孩子，影响一个家庭，带动一个社区"的教育效果。知识产权教育不仅影响着现在青少年的知识产权文化素养，影响着当下的家庭和社会，也影响着祖国的未来。

少年强，则国家强；青年兴，则民族兴。青少年是国家的未来，民族的希望，充满活力和创造力的青少年是实现中华民族伟大复兴的先锋力量。青少年的价值取向决定着整个社会未来的价值取向，青少年的知识产权意识决定着我们未来公民的知识产权素养、决定着我们国家未来的竞争力。帮助青少年理解、尊重、创造和保护知识产权，从身边的点滴做起，培养他们新时代知识产权文化自觉和文化自信，具有重要意义。

让我们从自己做起，合力保护知识产权。从点滴开始，共建诚信文明社会。

实践练习

1.保护知识产权就是保护（　　）。

A.创新　　B.商标

C.专利　　D.著作权

2.你认为引导学生树立"尊重知识、崇尚创新、诚信守法、公平竞争"的知识产权文化理念，有意义吗？为什么？

3.你认为知识产权制度好不好？为什么？

第二章

发明创造与专利

人人都能发明创造

提出问题

今天的青少年就是明天建设创新型国家的主力军，如何培养学生的创新精神、发明创造能力和知识产权意识关系到国家的未来、民族的命运。一提到"发明"，可能有些同学就怕了，认为那多难啊！

学习目标

1.说出什么是发明，举例说明自己想尝试的小发明。

2.举例说明身边的发明，知道发明对生活的影响。

3.知道开展青少年发明创造活动的意义。

4.认同科学家的贡献，以科学家为榜样。

学习探究

☆什么是发明

所谓"发明"，有广义和狭义两种理解。广义的发明是指创造出过去没有的东西。通俗的说法是"无这种，造这种"。例如，世界上本来没有手机，有人第一个创造出了手机，这就是手机的发明。这种发明如果用数学公式表示，就是"0→1"。

而有了手机以后，人们对手机的材料、质量、外观、性能等不断进行改进，也就是在现有发明的基础上创造出过去没有的某方面东西，这也是发明，如世界上第一部5G手机。这种发明如果用数学公式表示，就是"1→N"。

狭义的发明是指我国《专利法》所保护的发明创造的其中一种专利类型。专利法意义上的发明，是指对产品、方法或者其改进所提出的新的技术方案，可分为产品发明（如机器、仪器设备、用具等）和方法发明（如制造方法、食品加工方法、数据传输方法、物质回收提纯方法等）两大类。

~~~ 阅读与思考 ~~~

下面我们就一起来看看，椅子是如何产生、发展、演化的。

最早，人们席地而坐，用茅草、树叶、兽皮等做成席子垫在地上。后来，人们学会了用石板搭简单的石凳。随着人类社会的发展，在石凳的原型之下，终于出现了椅子。随着时间的推移，椅子的种类和外形风格变得更加丰富，出现了靠背椅、扶手椅、圈椅、躺椅、轮椅、按摩椅……只要人们不断地进行发明创新，在现代科技的加持下，椅子也将被赋予更多的功能。

思考：

1.请说出图中这些椅子的名称，看谁说得又快又好。

2.通过上面的例子，你对发明有什么新的认识？

3.有人说，从无到有是发明，从有到优也是发明。你认为有道理吗？

☆ 我能发明吗

说起发明，同学们往往有一种神秘感和可望而不可即的惧怕心理，认为那是发明家的事，自己没有资格也没有能力去发明。而心理学家认为，我们所有的人，都有惊人的创造力。现代创造学理论也告诉我们：人人都有创造的潜能，这种潜能是可以开发和培养的，只是每个人所展现的形态、程度、质量不同而已。

我国著名教育家陶行知先生曾说："人类社会处处是创造之地，天天是创造之时，人人是创造之人。"所以，发明创新并不神秘。我们每个人都可以去发明，去创造。我们每个同学都可以做个出色的小发明家。现实中，不少同学的发明在国内外青少年发明比赛中获得大奖，有的同学还申请并获得了专利。

～～～ 阅读与思考 ～～～

小红同学提交了"快干衣架"的发明，设计图如下：

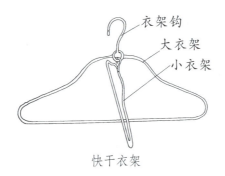

快干衣架

小刘老师提交了"节水观根花盆"的发明,想参加全国青少年科技创新大赛科技辅导员科技教育创新成果竞赛,设计图和实物图如下:

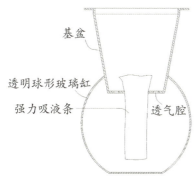

基盆
透明球形玻璃缸
强力吸液条
透气腔

节水观根花盆的结构图

节水观根花盆的实物图

思考:

1.你认为小红同学的"快干衣架"算不算发明?是否可以申请专利?为什么?

2.你猜猜小刘老师的发明能否参加全国青少年科技创新大赛科技辅导员科技教育创新成果竞赛?

☆ 身边的发明

从"嫦娥"揽月到"长五"飞天,从"蛟龙"入海到航母入列,从北斗组网到5G商用,从随处可见的"扫一扫"到层出不穷的"无人""共享"……中国以一系列创新成就实现了历史性飞跃。科技创新带来的各种新技术、新产品、新应用,见证着我们生产生活方式的改变。

智能共享单车让人们出行更加便捷、低碳、环保；网络课堂打破了时间和空间的限制，让学习更具有灵活性；移动支付开创了新的支付方式，让人们轻松实现生活缴费、购物娱乐消费。你能举例说明身边还有哪些新发明、新产品吗？它们对人们的生活有哪些影响？

☆ **开展青少年发明创造活动的意义**

人类发展的历史，实际上就是人类创造的历史。石器的发明，使人类拥有了战胜自然、获取更多财富的工具。人工取火的发明使人类可以抵御严寒、抵抗猛兽、烧煮食物等。而农作物及其耕作的发明，使人类的生存可以不再依赖于狩猎和野果。后来人类又发明了铜，不仅在耕作工具方面有了很大的进步，而且还创造出许多青铜制品，财富大幅度增长。铁是古代人类又一项了不起的发明，人类财富得到进一步的增长。在人类文明时代，最伟大的发明之一是纸及印刷术，这一发明由中国传到世界各地后，使人类创造的财富知识得到更广泛的传播、交流和实现，人类财富从此开始迅猛增长。人类历史的车轮总是随着人类的创造而前进。当创造出革命性的财富或者创造层出不穷时，历史的车轮便飞速前进。创造，不仅可能改变一个经济单位，而且可能改变一个部落、一个社会、一个国家甚至整个人类的命运与发展的轨迹。

2020年9月11日，习近平总书记在科学家座谈会上指出，好奇心是人的天性，对科学兴趣的引导和培养要从娃娃抓起，使他们更多了解科学知识，掌握科学方法，形成一大批具备科学家潜质的青少年群体。

从国家建设需要的角度看，要把我国建设成创新型国家，必须要有一大批创新型人才，而创新型人才有赖于教育的培养。国家的未来在创新，创新的明天在青少年，"少年智则中国智"。

从个人发展需要的角度看，在崇尚创新的知识经济时代，高素质创新型人才才能适应现代社会发展的需要。虽然每个同学都具有发明创造的潜能，但也需要后天的培养，而有一些家长担心搞发明创造会影响考试成绩，阻止孩子参加发明创造的实践活动，扼杀孩子对发明创造的兴趣，这不利于青少年创新素质的培养。可以说，人类善于发明创造，能更好地为社会创造财富，更好地实现自身的人生价值。

资料卡

认识科学家及其贡献

科技创造未来，创新改变世界。科技是国家强盛之基，创新是民族进步之魂。科技的本质是创新，科技发展靠创新，创新对科技进步、国家发展和民族振兴起着至关重要的作用。你知道下面的两位科学家及他们的主要贡献吗？

王选发明汉字信息处理与激光照排系统

汉字是中华文明的重要标志。20世纪80年代，我国著名的计算机科学家、"当代毕昇"王选，带领团队研制成功汉字信息处理与激光照排系统，并实现成果市场化和产业化，掀起了我国"告别铅与火、迎来光与电"的印刷技术革命，使汉字焕发出了新的生机和活力，为信息时代汉字和中华文化的传承与发展创造了条件。

袁隆平发明杂交水稻

袁隆平被誉为"杂交水稻之父"，是世界上第一个成功利用水稻杂种优势的科学家，他于1964年开始研究杂交水稻，成功选育了世界上第一个实用高产杂交水稻品种，从1976年起在全国大面积推广应用，使水稻产量得以大幅度提高。多年来，袁隆平带

领团队开展超级杂交稻攻关，2020年新育成的第三代杂交稻全年亩产达到1530.76千克。杂交水稻现在已在印度、美国、巴西等多个国家大面积种植。袁隆平于1981年荣获我国第一个国家发明特等奖，2004年被授予世界粮食奖，2019年被授予中华人民共和国最高荣誉勋章——"共和国勋章"。

实践练习

1.下列哪些是发明？（　　）

A.世界上第一部手机

B.世界上第一张用塑料制作而成的椅子

C.甲公司制造的与乙公司一样的椅子

2.连一连：请查找资料，把下列科学家的名字与其贡献用线连起来。

朱英富　　　复兴号CR400AF动车组总设计师

梁建英　　　"辽宁号"航空母舰总设计师

童文　　　　歼20飞机总设计师

杨长风　　　国产大飞机C919总设计师

杨伟　　　　北斗卫星导航系统工程总设计师

吴光辉　　　中国探月工程总设计师

吴伟仁　　　华为5G首席科学家

3.同学们可以观看中央电视台的《看我72变》《我爱发明》等节目，了解更多发明知识。

青少年如何发明创造

提出问题

　　不少青少年很想尝试发明创造，但不知道如何发明创造，也不知道如何去评价一个发明。

学习目标

　　1.知道运用发明方法进行发明。

　　2.尝试发明，包括进行创新设计和创新制作。

　　3.知道如何评价一个发明。

学习探究

☆ 发明方法

　　掌握正确的发明方法和技巧，好比把握了发明的金钥匙，可以使凡人变成天才。发明方法很多，如组合发明法、仿生发明法、变化发明法等。下面我们一起学习这几种发明方法。

组合发明法

　　爱因斯坦说过："我认为为了满足人类的需要而找出已知装置的新的组合的人就是发明家。"

　　带橡皮头的铅笔就是一项典型的组合发明。它是由一位家境贫穷的美国画家发明的。他把这项将橡皮固定在铅笔上的发明申请了专利，然后将

这项专利卖给了一家专门生产铅笔的公司。他凭借这项专利获得了很大一笔财富，彻底摆脱了贫穷。

组合发明法就是按照一定的技术原理，把某些技术特征进行新的组合，构成新的技术方案的发明方法。有人形象地用简单的式子来表示组合发明法，即A+B=C，也有人用A+B=AB来表示。

人们运用组合发明法发明的物品很多，例如，饭锅和电炉组合在一起就成了电饭锅，水杯和电炉组合在一起则成了电热杯。发挥想象力，写出你感兴趣的5件物品，把这5件物品进行随机组合，试试看能得到什么组合发明。

名称	1	2	3	4	5
原物品					
组合发明后的物品					

仿生发明法

自古以来，大自然为人类各种科学技术的发现以及重大发明的问世提供了源源不断的灵感。自然界种类繁多的生物，在漫长的进化过程中，为了生存与繁衍，改变自己去适应周围的环境。人类作为自然界的一分子与它们朝夕相处，各种各样生物的特性吸引着人类去观察与模仿。人类通过智慧创造出了许多赖以生存的工具，使自身在环境恶劣的岁月长河中得以生存至今。例如，鱼儿在水中有自由来去的本领，人们就模仿鱼类的形体造船，以木桨仿鳍。

仿生是模仿生物的简称，仿生发明法就是模仿生物的形态、材料、结构和功能的发明方法。

（1）仿生物结构。

蜜蜂被称为昆虫界的"天才建筑师"。据说，有一种黄蜂能用不到半两的蜂蜡，建起数十间整齐的蜂房。看来，蜜蜂采用了"轻型材料"建房。根据自然界蜂巢的结构原理，人们制作了蜂窝纸板。这种材料具有轻盈、坚固、隔声、隔热、
可回收等特点，在家具、包装、物流、建筑等行业得到了广泛的运用。

（2）仿生物功能。

蝙蝠靠耳朵的回声定位来准确判断周围物体的距离与方位，人们仿照这种原理制成了能测定飞机距离与方位的雷达，二者都是利用超声波回声定位。

青蛙有一对奇怪的眼睛，它对运动的物体简直是"明察秋毫"，而对静止不动的物体却是"视而不见"。科学家根据蛙类的视觉原理，发明了电子蛙眼。这种电子蛙眼能像真实的蛙眼一样准确无误地识别出目标的形状。把电子蛙眼装入雷达系统后，雷达的抗干扰能力大大提高。

请你说出未来运用仿生发明法可能出现的新产品。

所模仿生物的名称	改变的方法	新产品的名称

变化发明法

改变物品的材料、颜色、气味、形状、结构、体积、重量、用途、制作工艺等，这种发明方法就是变化发明法。例如，人们把眼镜的镜框和镜腿去掉，使眼镜镜片变小，变到可以放到眼睛里面，就成了今天的隐形眼镜。

列出你家里有的三种日常用品，运用变化发明法，设计改变它们的长度、大小、颜色、重量、材料等，看看有没有新的功能产生。例如，你想改变的是手机的长度，则在"长度"下面打个"√"，改变后的物品名称可以是"微型手机""超长手机""可折叠手机""可伸缩手机"等。

改变对象的名称	计划改变的内容								改变后物品的名称
	长度	大小	颜色	结构	重量	形状	材料	其他	

☆ **我的发明**

如何把发明表达出来，便于工业生产或申请专利呢？通常可采用设计图形式。同学们可以通过设计图表达自己从未见过的新产品。设计要求包括产品名称、产品介绍、创新点和用途。以"快干衣架"的发明为例：

产品名称	快干衣架
产品介绍（用设计图和文字说明）	衣架钩　大衣架　小衣架
创新点	由两个大小不同的衣架组成。撑开两个衣架有利于衣服通风，让衣服更快地晾干
用途	让衣服干得更快，适合普通家庭晾晒衣服

☆ **如何评价一个发明**

（1）请学生对自己设计的新产品的名称、创新点和用途等进行介绍。大家可评出心目中的优秀作品、最佳创意作品。

（2）请大家按照如下评价标准，对自己或同学的发明进行全面评价。

评价标准	具体内容	得分情况
新颖性（20分）	原创或在原有产品的基础上有较大创新，没有在国内外出版物上公开发表过，也没有在国内公开使用过	
创造性（30分）	有突出的实质性特点或者显著的进步	
实用性（30分）	能接近生活、生产实践，能够解决实际问题，有可预见的积极效果	
艺术性（20分）	具有一定的审美价值	
总分		

实践练习

1.完成一个发明的设计图。如果觉得有价值，可以把发明设计方案申请专利。

2.如果有条件，可以根据发明设计方案制作模型甚至实物，参加发明比赛。

3.有人在椅子上安装了电视机、风扇、电饭锅等几十种装置，发明了所谓的"超级椅子"。你认为这种椅子在市场上会受欢迎吗？为什么？

| 第三节 |

什么是专利

提出问题

发明创造完成之后，很多发明人会关心这样的问题："如果有人偷走了我的发明构思怎么办？"答案是，通常可以通过申请专利的方式来保护自己的发明创造成果。

学习目标

1.知道什么是专利。
2.知道专利有什么价值。
3.说出专利的种类。
4.了解授予专利权的条件。

学习探究

☆ 什么是专利

"专利"从字面上解释是指专有的权利和利益。"专利"（patent）一词源于拉丁语litterae patentes，意为公开的信件或公共文献，是中世纪的君主用来颁布某种特权的证明。为了鼓励发明创造，封建君主往往特许授予发明人一种垄断权，让他们能够在一定期限内独家享有经营某些产品或工艺的特权。

在现代，专利一般是指政府机关（例如中国国家知识产权局）或者代表若干国家的区域性组织（例如欧洲专利局）根据专利申请而颁发的一种文件。这种文件记载了发明创造的内容，并且在一定期限（例如20年）内产生一种垄断权（专利权）。一般情况下，在权利的有效期内，只有经专利权人同意，他人才能实施该发明创造。

专利制度通过"公开换保护"的方式，鼓励发明人积极向社会公开发明创造的具体技术方案，以获得在一定期限内的专利权，并激励智力劳动者不断投身于发明创造。专利期限届满后，社会公众通常可以无偿利用该专利所保护的发明创造成果。实行专利制度，有利于发明创造的推广应用，有利于促进科学技术的不断发展。

☆ 专利有什么价值

专利专利，专有之利，一者利民，一者利国。

首先是利民。过去很多传统技术都是家族式的，就像有些家传秘方，传里不传外，传子不传女，传着传着可能就传不见了。就算能延续下来，这种家族式的传承也难有进步。对于社会来说这种技术更是一个"黑箱"，改进无从谈起。但要说把自家的创新无偿地拿出来给大家使用和改进也不现实，这样就没有人做创新了，都等着抄别人的创新就好了。如何能够既促进创新的延续又保护创新者的利益，专利制度给出的方式就是有限的垄断权。想要获得这个垄断权，就要申请专利，申请专利就要公开自己的创新。根据公开的技术和要求的权利，国家会授予申请人关于这个技术的有期限的垄断保护，在这个时间内可以禁止其他人使用该专利技术。这样创新者得到了相应的回报，同时期限届满之后这个技术就能被他人无偿使用，由此个人的智慧成为社会的财富，是所谓利民。

其次是利国。创新者要想获得专利就要公开自己的发明成果，这样社会上的其他人通过专利文件就可以了解到这个技术领域最新的进展，有利于大家共同改进相关的技术。而且因为做出创新的人能够得到专利的垄断回报，大家就更有动力进行创新，这样就提高了整个社会的创新水平，进而提高国家的创新能力，是所谓利国。

这就是专利的利国和利民，也是现代专利制度的立法本意。现代专利

制度正是在公众利益与个人利益之间建立了一个平衡：一方面给公众知情权，让技术信息广为传播，推动整体科技的进步；另一方面，给创新者垄断权，在一定的时间和范围内防止别人抄袭自己的创意，给创新者以回报，激励创新者。

☆ **专利的种类**

按照我国《专利法》的规定，专利分为发明、实用新型和外观设计三种类型。其中，发明专利和实用新型专利主要保护新的技术方案，外观设计专利主要保护新的设计。

专利法意义上的 **发明**，是指对产品、方法或者其改进所提出的新的技术方案，可分为产品发明和方法发明两大类。发明专利的保护对象范围比较广泛，保护期限为20年，符合条件的可以给予专利权期限补偿。对发明专利申请需要进行实质审查，其审查时间较长，审查费用也相对较高。相对而言，经过实质审查的发明专利有较好的法律稳定性，较高的创造性和商业价值。

实用新型，是指对产品的形状、构造或者其结合所提出的适于实用的新的技术方案。相对于发明，实用新型的创造性较低，而实用性较强，因此人们一般将实用新型称为"小发明"。对实用新型专利申请只需进行形式审查，手续比较简便，费用较低。实用新

型专利的保护期限为10年。比如能折叠的台灯、具有导航功能的鞋子等，都可以申请实用新型专利。

外观设计，是指对产品的整体或者局部的形状、图案或者其结合以及色彩与形状、图案的结合所作出的富有美感并适于工业应用的新设计，又称为"工业品外观设计"。对外观设计专利申请只需进行形式审查，手续比较简便，费用较低。外观设计专利的保护期限为15年。外观设计专利保护的重点是产品的装饰性或艺术性外表设计，这种设计可以是平面图案，也可以是立体造型或者图形用户界面，如家用电器的外形、汽车外观、各种包装盒外观、手机操作界面等。

☆ 专利的授权条件

提出专利申请以后，是不是所有的发明创造都可以获得专利权？授予专利权的发明创造应当具备哪些条件呢？事实上，并不是每件发明创造都可以被授予专利权，还要看该发明创造是否符合专利法所规定的可授予专利权的条件，符合条件的才能获得专利权。

按照我国《专利法》的规定，**授予专利权的发明或者实用新型应当具备新颖性、创造性和实用性。**

专利法意义上的**"新颖性"**，主要指的是没有同样的发明或者实用新型在国内外出版物上公开发表过、公开使用过或者以其他方式为公众所知。可以说，"新颖性"意味着前人还没有创造出来。专利审查员需要在全世界公开的文献中，看看是否有与专利申请文件内容相同或相类似的内容，据此判断该项发明是否具有新颖性。

专利法用**"创造性"**来说明创新程度，即同现有技术相比，该发明具有突出的实质性特点和显著的进步，该实用新型具有实质性特点和进步。对发明来说，该发明的技术特征与现有技术相比要有本质上的区别，不是这个领域的一般技术人员能随意想到的。比如，电视遥控器就是一项具有开创意义的发明。

发明创造的技术方案是否能够制造或者使用，能否产生积极效果？这就是专利法意义上的**"实用性"**条件。简单地说，技术方案必须能在产业上应用，即技术方案可以用科学方法重现，同时符合自然规律。例如，违背能量守恒定律的永动机必然是不具备实用性的。授予专利权的发明或者实用新型，必须是能够解决技术问题，并且是能够应用的发明或者实用新型。换句话说，如果申请专利的是一种产品（包括发明和实用新型），那么该产品必须在产业中

能够制造，并且能够解决技术问题；如果申请专利的是一种方法（仅限发明），那么这种方法必须在产业中能够使用，并且能够解决技术问题。只有满足上述条件的产品或者方法才可能被授予专利权。

与发明和实用新型类似，**被授予专利权的外观设计应具有"新颖性"和"创造性"**。所谓**"新颖性"**，是指外观设计应当不属于现有设计，也没有任何单位或者个人就同样的外观设计在申请日以前提出过申请；所谓**"创造性"**，是指该外观设计与现有设计或者现有设计特征的组合

相比，具有明显区别。同时，被授予专利权的外观设计必须富有"美感"。**"美感"**，是指该外观设计从视觉感知上带给人的愉悦感受，而与产品功能是否先进没有必然联系。富有美感的外观设计在扩大产品销路方面具有重要作用。

不授予专利权的六种情形

资料卡

考虑到国家和社会的利益，我国《专利法》对专利保护的范围作了某些限制性规定，一是规定对违反国家法律、社会公德或

者妨害公共利益的发明创造不授予专利权；二是规定不授予专利权的以下六种具体情形。

（1）科学发现，如发现一颗小行星或发现万有引力定律；

（2）智力活动的规则和方法，如围棋的一种新的玩法；

（3）疾病的诊断和治疗方法，如中医的把脉；

（4）对于动物和植物品种，不给予专利保护，植物新品种有专门的制度保护；

（5）原子核变换方法以及用原子核变换方法获得的物质；

（6）对平面印刷品的图案、色彩或者二者的结合作出的主要起标识作用的设计。

科学发现

游戏规则

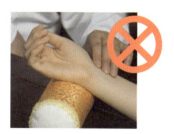

疾病诊断方法

植物新品种

实践练习

1.连一连：下列各项分别可申请哪类专利，请用线连起来。

形状、构造的技术方案　　　　发明专利

产品、方法的技术方案　　　　实用新型专利

外观形状、色彩的设计　　　　外观设计专利

2.专利包括（　　）。

A.发明专利、实用新型专利、外观设计专利

B.发明专利、实用新型专利、商标专利

C.实用新型专利、外观设计专利、版权专利

D.实用新型专利、个人专利、集体专利

3.授予专利权的发明或者实用新型，应当具备（　　）。

A.新颖性、创造性和实用性　　　B.新颖性、自主性和实用性

C.新颖性、美观性和实用性　　　D.自主性、创造性和美观性

4.有人说，未经专利权人许可，任何人都不得生产、销售其专利产品，对吗？

| 第四节 |

如何申请专利

问题提出

　　一项发明创造完成后，谁可以申请专利？如何申请专利？在哪里申请专利？这些都是同学们关心的问题。

学习目标

1.知道谁可以申请专利。

2.知道申请专利需要准备哪些专利申请文件。

3.知道申请专利的方式。

学习探究

☆ 谁可以申请专利

　　一项发明创造完成后，并不能自动取得专利法保护，还需要申请人把自己的发明创造形成申请文件并向国家知识产权局专利局提出申请，获得授权后，才能成为真正的专利。谁有资格申请专利呢？是不是只能由发明人来申请专利呢？下面，我们来了解两个概念："发明人"和"申请人"。

发明人

　　发明人，即完成发明创造的人，是专利这种无形财产的实际创造者。专利法意义上的发明人要满足以下两个条件：第一，发明人必须是直接参加发明创造活动的人，在发明创造过程中只负责组织管理工作，或者仅仅为有关物质技术条件的获得和利用提供了方便的人不是发明人；第二，发明人必须是对发明创造的实质性特点有创造性贡献的人，仅仅提出了发明

所要解决的问题，而未对如何解决该问题提出具体意见的人，或者仅仅提出一般性意见的人，或者单纯从事辅助性工作（如打字、制图等）的人均不是发明人。总之，只有在发明创造完成过程中，对发明创造的构思以及构思具体化提出了创造性见解的人才能被称作发明人。发明人有署名权，可以在专利文件中写明自己是发明人，也可以请求国家知识产权局不公布其姓名。

申请人

申请人，是指就一项发明创造向国家知识产权局专利局提出专利申请的人。通常，发明人有权对其完成的发明创造申请专利，因此，很多情况下发明人与申请人是同一人。但是，现实中也确实存在发明人与申请人不一致的情况，这种情形的出现，主要有以下三个方面的原因。

（1）一项发明创造在其完成之后是否申请专利，应由发明人决定。这一权利是可以转让的，如果发明人以外的其他人通过合同从发明人那里取得了就发明创造申请专利的权利，则可以就该发明创造提出专利申请。

（2）发明人的继承人通过继承取得发明创造的专利申请权。

（3）法律直接将专利申请权赋予发明人以外的其他人，通常这种情况主要发生在职务发明创造上。

〜〜 阅读与思考 〜〜〜〜〜〜〜〜〜〜〜

说起爱因斯坦，人们总会联想到相对论、质能方程、光电效应等令人惊叹的学术名词。可是很少有人知道，爱因斯坦除了是

一位在科学理论方面富有创造性的天才，还对发明技术装置饶有兴趣。1927年，爱因斯坦和朋友利奥·西拉德共同申请了一项冰箱专利，并于1930年获得专利授权。事情的缘起，是他们在报纸上读到一条消息，说柏林有一家人，因新买的冰箱冷却剂泄漏，某天夜里全部被毒死。两人很受触动，就想设计一种更安全的冰箱。他们的方案是，用一种金属微粒的悬浮液来代替以往冰箱中用的有毒的冷却剂，用一个磁泵来驱动。随后的几年时间里，他俩一共申请了多项与冰箱或磁泵有关的专利。但由于当时的技术有限，他们研制的冰箱未能获得大批量投产。多年后，利奥·西拉德又进一步改进了其冰箱原型中的磁泵，创造出散热泵用于核反应堆降温。

思考： 爱因斯坦可以被称作上述冰箱的发明人吗，为什么？

☆专利申请文件

发明专利、实用新型专利申请文件包括专利申请请求书、说明书、权利要求书等。其中，说明书应当对发明创造作出清楚、完整的说明，详细到该领域的技术人员能够实现；权利要求书以说明书为依据，清楚、简要地限定要求专利保护的范围。发明或者实用新型专利权的保护范围以其权

03215622.7	权 利 要 求 书	第1/1页

　　1. 可用于照明的便携式通信工具，它有便携式通信工具体（1），其特征在于，它还有安装在便携式通信工具体（1）上的发光件（2）与便携式通信工具体内的驱动电路（6）相连，驱动电路与中央控制器（3）相连，控制按键（4）经信号号转换电路（7）与中央控制器相连。

　　2. 如权利要求1所述的可用于照明的便携式通信工具，其特征在于，所述的发光件（2）为发光二极管或照明电珠。

　　3. 如权利要求1或2所述的可用于照明的便携式通信工具，其特征在于，所述的便携式通信工具体（1）为手机、小灵通或传呼机。

权利要求书示例

利要求的内容为准，说明书及附图可以用于解释权利要求的内容。

外观设计专利申请文件则包括专利申请请求书、外观设计图片或者照片、外观设计的简要说明等。其中，图片或者照片应当清楚地显示要求专利保护的产品的外观设计。外观设计专利权的保护范围以表示在图片或者照片中的该产品的外观设计为准，简要说明可以用于解释图片或者照片所表示的该产品的外观设计。

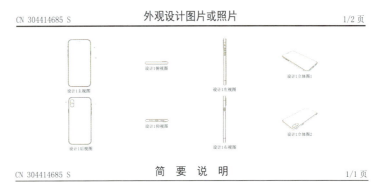

外观设计专利的图片和简要说明示例

专利申请文件质量的高低直接关系专利权保护范围的大小。只有好的发明创造加上高水平的专利申请文件撰写，才能形成一件创新水平高、保护范围合理的高价值专利。

申请专利的过程比较复杂，通常需要经历检索分析全球相关现有技术、撰写申请文件、答复国家知识产权局提出的审查意见并修改申请文件等步骤，同时还需要进行费用缴纳、在期限内办理各种法律手续等。这些工作通常由专业的专利代理机构承担，良好的专利代理服务能够将技术转化为稳定的专利权，促进创新的适当保护，避免新技术未能获得充分专利保护的情况发生。

三种专利申请须提交的主要申请文件

申请文件	发明专利	实用新型专利	外观设计专利
专利申请请求书	√	√	√
权利要求书	√	√	×
说明书	√	√	×
外观设计图片或者照片	×	×	√
外观设计的简要说明	×	×	√

专利申请人如果没有申请专利的经验，最好寻求专利代理师的帮助。正规专利代理机构是经过国家知识产权局许可的，可以在国家知识产权局网站上获取相关信息（http://dlgl.cnipa.gov.cn/）。

☆ **申请专利的方式**

申请人应当以电子文件形式或者书面形式提交专利申请。

（1）申请人以电子文件形式申请专利的，应当事先办理电子申请用户注册手续，通过国家知识产权局的专利电子申请系统提交申请文件。

（2）申请人以书面形式申请专利的，可以将申请文件当面提交至国家知识产权局专利局的业务受理大厅、专利局各代办处受理窗口，或将申请文件邮寄到专利局受理处、专利局各代办处。

专利局受理处或专利局各代办处收到专利申请后，对符合受理条件的申请，将确定申请日，给予申请号，发出受理通知书；对不符合受理条件的申请，将发出不受理通知书。

资料卡

为什么要尽早申请专利?

　　依据我国《专利法》，同样的发明创造只能授予一项专利权。两个以上的申请人分别就同样的发明创造申请专利的，专利权授予最先申请的人，即所谓的先申请原则。如果两个以上的申请人在同一日提出相同的申请，则应当在收到国家知识产权局的通知后自行协商确定申请人。逾期没有答复的，申请视为撤回。如果各方协商不成的，则会驳回各方的专利申请。因此，申请人在作出发明创造之后应尽早申请专利。

实践练习

　　1.发明人完成发明创造后会自动获得专利吗?

　　2.谁可以申请专利? 向哪个部门申请专利?

　　3.申请专利要提交什么材料?

　　4.一个同学想要申请专利，但考虑到申请过程比较复杂，想委托专业人员帮忙，可以吗? 谁可以提供帮助?

第三章

商标与品牌

走近商标

学习探究

☆什么是商标

当我们走进商店，看到一件商品，首先了解的就是商品外包装和上面形形色色的标识。通过这些标识，我们可以了解很多有用的信息，比如这个商品的牌子、产地、品质、生产者和生产日期等。

商品或服务的提供者用以标明自己商品或服务的来源、品质、生产或服务主体、特征的商用符号就是**商业标识**。商标是商业标识的重要内容，也就是我们常说的"牌子"。每一种商品或服务都会有自己专属的"标签"，让我们可以很容易地找到它，并依据它认牌购物。

商标，是指商品的生产者、经营者或者服务的提供者为了标明自己和区别他人而在自己的商品或者服务上使用的具有显著性的符号。

标示和区别商品或服务是商标的重要作用之一，从这个意义上来说，古人很早就有"商标"的意识了。商标的起源可追溯至古代，最初是在产品上刻上制作者的姓名，当时的工匠将其签字或标记印制在其产品上，以便在交换中同他人的产品相区别。时至今日，我们还能在很多文物上看到制作者的名章。

资料卡

"同仁堂"商标

"同仁堂"中医药文化是国家级非物质文化遗产之一。同仁堂创建于1669年。在三百多年的风雨历程中，历代同仁堂人恪守"炮制虽繁必不敢省人工，品味虽贵必不敢减物力"的传统古训，秉持两个"必不敢"理念严格选方、制药，确保了同仁堂金字招牌的长盛不衰。"同仁堂"商标采用两条飞龙的图形设计，在中国悠久的历史文化中，龙是至高无上的象征，这两条飞龙代表着源远流长的中国医药文化历史，商标中文字和图形组合构成的整体标志着同仁堂是国之瑰宝，在继承传统制药特色的基础上，采用现代的科学技术，研制开发更多的新药造福人民。

"同仁堂"商标

☆商标的分类

常见的商标分类，包括以商标的构成要素区分、以商标的使用对象区分、以商标的功能区分等几种。

以构成要素区分商标

以构成要素区分，商标可分为文字商标、图形商标、组合商标等传统商标（平面商标）和立体商标（三维标志）、声音商标、颜色组合商标等非传统商标。近年来还出现了动态商标、味觉商标、触觉商标等诸多新型非传统商标。目前，我国接受注册的商标类型包括传统的平面商标、立体商标、颜色组合商标和声音商标。

文字商标　　　　图形商标　　　立体商标　　　组合商标

以使用对象区分商标

以使用商标的对象是有形的还是无形的来区分，商标可以分为商品商标和服务商标。

商品商标是指商品的生产者、经营者在自己生产或经营的商品上使用的标志。商品商标是历史最悠久的商标类型，主要用于区别同类商品的不同生产者。

服务商标是指服务的提供者为将自己提供的服务与他人提供的服务相区别而使用的标志。在经济活动中，有些企业的"产品"不是作为有形的商品提供给消费者，而是作为某种商业性质的服务项目用以满足消费者的需求，如交通服务、旅游服务、保险服务、快递服务等。

商品商标　　　　　　　服务商标

以功能区分商标

以功能来区分，商标可以分为普通商标、集体商标和证明商标。

普通商标，是指在正常情况下使用未受到特别法律保护的绝大多数商标。

集体商标，是指以团体、协会或者其他组织名义注册，供该组织成员在商事活动中使用，以表明使用者在该组织中的成员资格的标志。

证明商标，是指由对某种商品或者服务具有监督能力的组织所控制，该组织以外的单位或者个人使用于其商品或者服务，用以证明该商品或者服务的原产地、原料、制造方法、质量或者其他特定品质的标志。食品包装上的"绿色食品"标志就是证明商标。

集体商标

证明商标

☆ 商标的价值

商标的经济价值

商标体现着商品的信誉，而信誉是与商品质量紧密联系在一起的。一个有影响力的商标，能带动商品畅销，给商品生产者带来巨大利润。商标的这些作用也有利于消费者维护自己的权益，因为使用商标能促使生产者保证商品质量；如果商品出了问题，消费者可以依其商标找到生产厂家，这也有利于激励企业提高商品质量、积累商誉。因此，商标能帮助企业拓展市场，提升商品附加值，增强市场竞争力，是企业不可或缺的无形资产。

商标作为企业的无形资产，已成为现代企业重要的生产要素，但是，并不是所有的无形资产都能转化为现实的经济价值。商标的经济价值的实现，需要商标权人努力创造必备的条件，对商标进行科学的管理与使用。商标只有通过使用才能产生经济价值。如果拥有一个好的商标却不去经营它，不去宣传它，不去保护它，那么，它的市场影响力就无法形成。

商标的文化价值

商标不仅代表着商品或服务的市场定位，还代表着企业的市场形象和企业文化，具有文化和情感内涵。历史悠久的商标还起着凝聚专业精神、传承行业文化的作用。因此，商标具有文化价值。

商标的创新发展价值

当今社会科技发展突飞猛进，产品更新换代频繁。任何企业的产品创新、商业模式创新等，最终都要借助自己特定的商标进入市场，参与竞争。特别是当企业的商标经过使用累积了一定的信誉之后，会使消费者产生一定程度的信任心理，会增强对消费群体的巩固作用。很多成功的企业虽然不断推出新产品，商标却始终不变，消费者会非常信赖，乐于购买。具有公众认可度的商标在新产品推广过程中发挥着重要作用，其价值及增值功能不可估量。因此，商标有助于促进创新发展和市场竞争，从而有利于提升国家的整体经济实力与综合国力。

☆ 商标注册

商标所有人向国家知识产权局商标局（以下简称商标局）提出商标注册申请，经商标局审查予以核准使用于特定商品或服务上时，该商标就成为**注册商标**，受法律保护。也有一些商标，其已在市场上使用，但商标所有人并未向商标局提出注册申请，这类商标就是**未注册商标**。

我国实行商标"自愿注册原则"，企业或个人可以自主决定是否对其使用的商标申请注册。虽然未注册商标在一定条件下也可以受到法律保护，但是注册商标可以使商标所有人获得最大程度上的法律保护。

使用注册商标，可以在商品、商品包装、说明书或者其他附着物上标明"注册商标"或者注册标记Ⓡ。

商标注册成功后，商标所有人可以依法禁止与其注册商标相同或近似的商标在同一种或类似的商品或服务上使用的行为，从而使消费者能够通过商标识别自己心仪的商品或服务。注册商标既是对商标所有人权益的保护，也是对消费者利益的保护，可以使消费者免受假冒、摹仿等不正当竞争行为的误导，有利于维护良好的市场竞争秩序。

☆ 如何设计商标

请同学们尝试为自己未来的企业设计一个商标。具体要求如下：

（1）分组设计自己未来企业的商标。

（2）设计的商标需要具有独特、简洁、直观等特点，具有一定的艺术性和创新性。

（3）各小组分别派代表向全班同学展示本组设计的商标，并介绍商标的含义。

（4）全班同学投票，评出最佳商标。

实践练习

1.观察下面的商标，说一说这些商标由哪些元素组成。

2.请问注册商标与未注册商标有什么区别？

3.说出一个你熟悉的商标并说明其含义，尝试画出这个商标。

调查身边的商标

问题提出

你能试着找一找身边有哪些商标吗？你知道当地企业的商标及其注册情况吗？你知道为什么会出现企业争夺商标的事情吗？

学习目标

1.调查并记录身边的商标，并对商标进行分类。

2.调查当地企业的商标及其注册情况。

3.通过各种途径（包括访问、调查和上网等）查找商标纠纷或争夺案件，了解保护商标的意义。

学习探究

☆ 调查身边的商标

准备工具

请同学们提前准备好调研记录表、笔、笔记本、照相机或手机等调研工具。

活动指引

（1）任务分工。

调研中需要做的工作不少，小组成员要分工合作。建议2—5人组成一个调研小组，选定其中一位作为组长，对组员进行简要分工。分工可以参考下表：

角色	姓名	具体任务分工
组长		负责人员分工，任务安排，确定调研时间、地点和内容，组织讨论和总结
组员1		负责寻找商标，拍照记录
组员2		负责记录调研表，调研报告的撰写、修改、优化
组员3		机动人员
组员4		机动人员

（2）调研步骤。

①选择调研范围。身边的社区、超市、便利店、商场等都是进行调研的理想地点。你们小组选择的地点是＿＿＿＿＿＿＿＿＿。

②设计调研路线。当调研地点不止一处时，需要事先规划调研路线，才能提高调研效率。

③设计调研记录表，可参考下表：

调研人			
调研时间			
路线规划			
商标编号	商标名称	商标	调研地点
1	美的		广州北京路商业步行街
2			
3			
4			
5			

④实地调研。按设计好的路线进行调研，将观察到的商标记录在调研记录表里。应如实认真记录，不能凭个人好恶取舍。小组要分工合作，集

体行动，注意安全。

⑤商标归类。将全组调研到的商标进行归类。归类的项目和方法可由全组同学讨论决定，并说明归类的理由。

⑥整理。将调研资料进行整理，撰写调研报告。

（3）调研结果与分析。

①调研结果。

按构成要素分类	按使用对象分类	按功能分类
文字商标，如_____	商品商标，如_____	普通商标，如_____
图形商标，如_____		集体商标，如_____
立体商标，如_____	服务商标，如_____	
组合商标，如_____		证明商标，如_____

②分析讨论。

通过这次调研，你对商标有了哪些新的认识？

你或本组成员在调研中遇到了哪些问题？是如何解决的？

请你评价本次调研是否成功？成功或失败的主要原因是什么？

☆ 调查当地企业的商标

调查当地县（市、区）企业的商标及其注册情况，填写调研记录表，具体内容可参考如下：

调研人			
调研时间		调研地点	
调研内容	企业名称		
	商标名称及注册时间		
	商标的价值		

☆ 保护商标的意义

任何企业的产品创新、技术创新、商业模式创新等，最终都会体现为以自己独有的商标品牌进入市场，参与竞争。因此，要树立保护知识产权就是保护创新的理念。如果侵犯商标权、假冒注册商标的种种行为不能被有效制止或得到惩罚，就会打击企业投入人力、物力进行创新的积极性，最终伤害的不仅是企业的热情、市场的秩序，还会损害国家整体的创新能力和综合国力。因此，加强对商标品牌的保护，就是鼓励和保护企业创新发展，尊重和保护社会创造力和发展活力。

企业是社会经济的细胞。企业兴旺，整体社会经济就会繁荣；企业衰落，整体社会经济就会下滑，这是市场经济不可抗拒的规律。如果商标专用权得不到有力保护，侵权行为泛滥，假冒商品横行，社会公平和市场秩序就会受到挑战。守法经营者的利益不能得到保证，经济社会持续健康发展就会受到阻碍。企业创新成果被侵占，损耗的不仅是企业发展的动力，更是国家经济社会发展的动力。因此，每一位公民都应该学习和了解商标保护的知识，为国家的富强和创新发展作出自己的贡献。

〜〜 阅读与思考

案例一：1995年至2000年，市面上出现了两个"九江双蒸"，一个标着"珠江桥"牌，另一个标着"远航"牌，瓶体形状和包装印刷都十分相似，并且两家企业都声称自己是正宗的"九江双蒸"。一个是广东省九江酒厂有限公司生产的"远航"牌九江双蒸酒，另一个是广东省食品进出口集团公司转由佛山市南海酒厂有限公司生产的"珠江桥"牌九江双蒸酒。双方在计划经济时代是同舟共济的合作伙伴，但后来在市场经济中因"九江双蒸"的权属问题双方展开了争夺。经过多年官司，法院以"远航"牌九江双蒸酒

商标注册在先、"原产地域产品保护制度"等为由判决广东省九江酒厂有限公司胜出。

思考：九江双蒸酒为什么会出现"远航"牌与"珠江桥"牌两个商标？为什么两家企业要争夺"九江双蒸"的商标？

案例二："大白兔"奶糖是上海冠生园出品的奶类糖果。红蓝白的糖纸上，印着一只活泼可爱的小兔子。诞生于20世纪50年代末的"大白兔"奶糖，承载着几代人的记忆，可以说是中国第一代国产奶糖的代表。它的商标是一只跳跃状的白兔，形象深入民心。然而，没想到后来市场上竟然杀出了山寨版的"大白兔"奶糖、"小白兔"奶糖……

思考：如果上海冠生园向法院起诉"大白兔"奶糖商标侵权，你来当"小法官"，该如何判决？

实践练习

1.说出1—3个你身边常见的商标。

2.查找当地有知名度的商标（包括商标的名称、影响力等），与同学分享，并谈一谈自己的感受或看法。

3.甲公司看到康师傅方便面的市场销量不错，于是推出了"康帅傅"方便面。你认为甲公司的这种做法侵权吗？为什么？

| 第三节 |

走近品牌

问题提出

　　小明同学家里买了一台美的遥控电风扇，认为美的是中国知名的家电品牌之一。你认为名牌产品一定质量好吗？

学习目标

1.知道品牌的定义。

2.了解商标与品牌的关系。

3.请举例说明如何打造品牌价值。

学习探究

☆什么是品牌

什么是品牌？

　　品牌（brand）一词源于古挪威词汇brandr，词义为"烙印"，其原始含义是指在牲畜身上烙上标记，以起到识别和证明的作用。有学者把"品牌"定义为：品牌是一种名称、术语、标记、符号或设计，或是它们的组合运用，其目的是借以辨认某个销售者或某群销售者的产品或服务，并使之同竞争对手的产品或服务区分开来。

　　在现代汉语中，品牌被释义成一种识别标志，一种精神象征，一种价值理念，它是品质优异的核心体现，是具有经济价值的无形资产。

在当今的商业环境中，品牌价值非常重要。品牌价值是指消费者对品牌的评价。正确的品牌战略可以帮助企业在市场上建立自己的优势地位，建立品牌认同感。

☆ 商标与品牌的关系

人们常常谈到商标品牌，但商标与品牌并不是一回事。二者在概念上是不同的。一些专家认为，品牌与商标在内涵上有重合的地方，但外延不同。商标是法律概念，品牌是市场概念。品牌的主要表现形式和核心是商标。

商标是品牌的一部分，品牌包括商标

商标是品牌中的标志部分，便于消费者识别不同的商品或服务，而品牌的内涵远不止于此，品牌最持久的含义和实质是其价值、文化和个性，品牌是企业长期努力经营的结果，是企业的无形载体。品牌是人们对一个企业及其产品、服务、文化价值的一种评价和认知，是一种信任，因此，品牌是一种商品综合品质的体现和代表，当人们想到某一品牌的同时，总会和时尚、文化、价值联想到一起。

商标属于法律范畴，品牌是市场概念

商标是法律概念，主要表现在通过一系列法律程序如商标专用权的注册、转让、使用许可、争议处理等，保护商标所有者的合法权益。品牌是市场概念，它强调企业与客户之间因商品或服务产生关系以及关系的维系与发展，引导客户选购商品或服务，并建立客户品牌忠诚度。

商标要注册审批，品牌则可自己决定

商标需向商标局提出申请，经过形式审查和实质审查及公告等程序后，才能取得商标注册证，历时一年左右。品牌则不同，公司用什么品牌和怎么用不需要谁来审批，由企业自定。不过，品牌最好和公司商标一致，以便推广和宣传。

商标有国界限制，而品牌没有

商标具有地域性，世界上每个国家都有自己的商标法，在一国注册的商标仅在该国范围内使用才受法律的保护，超过国界就失去了该国保护的权利。但是，对于品牌来说，它的使用范围是无国界的，不受到任何限制。

☆ 如何打造品牌价值

品牌价值是品牌营销的目标之一。消费者对品牌的看法会直接影响品牌在市场上的活力和可持续发展。影响品牌价值的因素有很多，比如产品质量、价格、公司形象、营销活动等。那如何打造品牌价值呢？

确立品牌定位

品牌经营者需要确定自己品牌的市场定位，并且在以后几年、几十年甚至更长时间的品牌建设过程中，始终不渝地坚持这个定位。成功的企业之所以能成功，与它在运行、推广的过程中确定的、稳定的品牌定位是分不开的。例如，格力电器制定了"掌握核心科技"的品牌战略，掀起了一场又一场"科技创新革命"。

做好产品质量

品牌建设离不开品质保证。品质是产品生存和发展的基础，也是品牌发展的基础和保障。没有品质，就没有品牌。要做好品质，技术是根本，创新是灵魂，质量是生命。如果产品品质不好，口号再响，广告再多，也很难达到好的效果，甚至会适得其反。

品牌是质量和信誉的保证，也是产品质量的象征。比如，"海尔"作为我国知名的家电品牌，人们一提到"海尔"，就会联想到"海尔"的产品质量和售后服务。再如，"李宁"作为运动鞋、运动服装品牌，人们一提到

"李宁"，就会联想到其是体育运动方面的高质量产品。

积极营销

品牌营销是提高品牌价值的必要手段之一。为了提高品牌知名度和价值，企业必须在市场竞争中不断向消费者销售产品和展示品牌形象。品牌营销可以通过广告、市场网络、社交媒体等渠道展示品牌形象，提高品牌认可度。

阅读与思考

阿里巴巴秉持着"让天下没有难做的生意"的使命；小米的梦想是"让全球每个人都能享受科技带来的美好生活"；大疆以"做空间智能时代的开拓者，让科技之美超越想象"为使命；华为致力于"把数字世界带入每个人、每个家庭、每个组织，构建万物互联的智能世界"。这些中国品牌正在走向世界。

思考：

1.你认为这些中国企业的品牌定位好不好？为什么？

2.为了做好品牌建设，你认为上述企业可以在哪些方面作出努力？

实践练习

1.有人认为，品牌竞争是企业竞争的最高层次。你认为这句话有道理吗？为什么？

2.有人说："某某是名牌，所以比较贵。"这其实体现了品牌带来的价值。你熟悉的品牌有哪些？有哪些品牌是我国的？有哪些品牌是近几年才诞生的？

3.通过网上查找资料或实地访问企业等多种途径，了解我国品牌企业的发展故事，并谈谈自己的感想。

第四章

创作与版权

| 第一节 |

什么是作品

问题提出

不少同学认为，只有作家才会关心作品的事情，自己要有作品很难，自己不可能成为作者。其实每个人都可以创作作品，成为作者。

学习目标

1.明白什么是作品。

2.了解作品有哪些类型。

3.了解不受著作权法保护的对象有哪些。

学习探究

☆什么是作品

"作品"这个词大家一定很熟悉，可以说生活中处处有作品，我们写的日记是作品，画的图画是作品，哼唱的歌曲也是作品。

我脑子里的想法是作品吗？

从著作权法角度讲，**作品**是指文学、艺术和科学领域内具有独创性并能以一定形式表现的智力成果。所谓"独创性"，是指作品是作者运用自己的智力劳动创作出来的，而不是抄袭来的；所谓"能以一定形式表现"，是指作品必须借助某种形式能够让人们看到、听到或触摸到，各种思想或想法要通过"表达"

才能成为作品，脑海里的构思不是作品；所谓"智力成果"，是指作品是作者运用智力劳动创造的，不附加任何智力劳动的产物不属于作品。

☆ 作品的类型

我们的大脑每天都在对客观世界作出反应，产生丰富的感受和各种想法，当我们把这些感受和想法用某种形式表达出来时，就产生了受著作权法保护的作品。作品的类型极为丰富多彩，根据载体形式的不同，作品可以分为：

文字作品

文字作品，是指小说、诗词、散文、论文等以文字形式表现的作品。

口述作品

口述作品，是指即兴的演说、授课、法庭辩论等以口头语言形式表现的作品。

音乐、戏剧、曲艺、舞蹈、杂技艺术作品

音乐作品，是指歌曲、交响乐等能够演唱或者演奏的作品。戏剧作品，是指话剧、歌剧、地方戏等供舞台演出的作品。曲艺作品，是指相声、快书、大鼓、评书等以说唱为主要形式表演的作品。舞蹈作品，是指通过连续的动作、姿势、表情等表现思想情感的作品。杂技艺术作品，是指杂技、魔术、马戏等通过形体动作和技巧表现的作品。

文字作品

口述作品

音乐作品

美术作品

美术作品，是指绘画、书法、雕塑等以线条、色彩或者其他方式构成

的有审美意义的平面或者立体的造型艺术作品。

建筑作品

建筑作品，是指以建筑物或者构筑物形式表现的有审美意义的作品。

建筑作品

摄影作品

摄影作品，是指借助器械在感光材料或者其他介质上记录客观物体形象的艺术作品。

视听作品

视听作品是指通过机械装置能直接为人的视觉和听觉所感知的作品，如电影、电视剧等。

图形作品

图形作品，是指为施工、生产绘制的工程设计图、产品设计图，以及反映地理现象、说明事物原理或者结构的地图、示意图等作品。

计算机软件

计算机软件，是指计算机程序及其有关文档。

☆不受著作权法保护的对象

著作权法保护的是人类的智力成果，但并不是所有的智力成果都受到著作权法的保护。不受著作权法保护的对象主要包括以下三类。

官方文件

官方文件，包括法律、法规，国家机关的决议、决定、命令和法院判决等具有立法、行政、司法性质的文件，及其官方正式译文。不给予这些文件著作权法保护，主要是为了保证国家法律、政令的畅通。

单纯的事实消息

此类消息内容简短，表达方式有限，为方便公众及时获得新闻信息，著作权法不予保护。以"2020年11月15日，中国、日本、韩国、澳大利亚、新西兰和东盟十国共同签署《区域全面经济伙伴关系协定》（RCEP）"为例，这则消息即属于单纯的事实消息。当然，如果有专家针对该协定的签署对区域和世界经济的影响，撰写了长篇分析文章，该文章则不是单纯的事实消息，而是受著作权法保护的作品。

历法、通用数表、通用表格和公式

此类客体表达方式有限，且为人们普遍使用，著作权法不予保护。当然，历法并不等于日历。人们根据历法所绘制的挂历、台历、日历，若加入了独创性的内容，则受到著作权法保护，如备受人们喜爱的《故宫日历》。

实践练习

1.你能说出作品包括哪些类型吗？

2.你能列举几个自己喜欢的作品吗？

3.试试自己创作一个作品。

人人都是作者

问题提出

　　谁享有作品的著作权呢？大家一定会说："当然是作者！"那么，谁可以成为作者呢？

学习目标

1.理解人人都可以成为作者。
2.明白著作权归属于作者。
3.了解什么是著作权。

学习探究

☆ 人人都可以成为作者

　　作者是指运用自己的智慧，通过创造性劳动创作作品的人。在作品产生过程中仅提供咨询意见、物质条件的人并不是作者。在日新月异的自媒

体时代，我们每个人既在不断地接收海量的信息，也在不断地创造信息。我们每个人，其实都可以是作者。例如，你自己唱的歌、说的话、拍的照片、录的视频，这些都是你的作品，你就是这些作品的作者。

☆ **著作权归属于作者**

一般情况下，**作品的著作权归属于作者**。如文字作品的作者就是创作该作品的人，在无相反证据的情况下，在作品上署名的人为作者。口述作品的作者包括演讲人、授课人等。戏剧、舞蹈作品的作者包括创作该作品的剧作家、舞蹈动作设计者等。表演戏剧、舞蹈的人并不是戏剧、舞蹈作品的作者，而只是表演者。

作品可以由一个人单独创作完成，也可以由两人以上共同创作完成。例如，两名作家共同去体验生活，一起讨论构思，合作创作一部小说。**合作作品的著作权由合作作者共同享有**。合作作品可以分割使用的，作者对各自创作的部分可以单独享有著作权，但行使著作权时不得侵犯合作作品整体的著作权。

〜〜 **阅读与思考** 〜〜〜〜〜〜〜〜〜〜〜〜〜〜〜〜〜〜〜〜〜〜〜〜〜〜〜

刚上初一的小刘同学因为生病发高烧，需要请假在家休息。他一方面担心请假耽误了功课，另一方面又担心老师责怪自己。为了向老师做好"交代"，他顶着近40℃的高烧，竟洋洋洒洒地写下了一千多字的请假条。

一个请假条能有这么多东西可写吗？原来，小刘同学的请假条内容相当丰富，不仅详细地阐述了自己生病的前因后果、目前状态、内心想法和医生建议等，还同时向老师表态恢复后会尽早回校，生病期间也不会耽误功课，会主动完成作业，请老师放心，等等。因此，他的这份长篇请假条得到了语文教师兼班主任的青睐，不仅被当作样板文在班里、年级里念，还被另一个语文老师拿去其他年级念。

几天后，当小刘同学返回学校，才发现自己无心之举创作的请假条，成了受老师表扬的范文。虽然只是几句口头的表扬，但，谁不喜欢被表扬呢？此刻，大病初愈的少年心里，好像开出

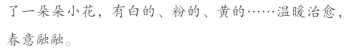

了一朵朵小花，有白的、粉的、黄的……温暖治愈，春意融融。

思考： 你认为该请假条构成一个作品吗？小刘同学是该作品的作者吗？他是否享有该作品的著作权？

☆ 什么是著作权

我们了解了什么是作品，那么，同学们知道什么是著作权吗？说到"著作权"，是不是有些同学感觉陌生甚至深奥呢？

著作权，也称版权， 是指文学、艺术、科学作品的作者对自己的作品所享有的专有权利。比如同学们创作了诗歌、小说、画作、歌曲，那么相应地，同学们就享有了这些作品的著作权。

著作权的内容十分丰富，从性质上可以区分为著作人身权和著作财产权两大类，如下所示。

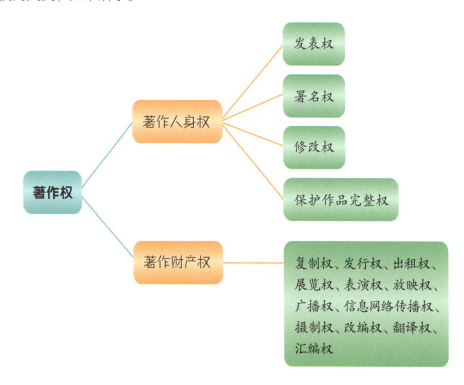

著作人身权，也称为著作人格权，体现着作者有权采取某些行动保护作者本人与其创作的作品之间的个人联系。著作人身权具体包括以下内容。

（1）发表权，即决定作品是否公之于众的权利，还包括决定以何种形式发表和在何时何地发表的权利。发表权只有一次，作品首次公开后再次进行传播不属于发表。

（2）署名权，即表明作者身份，在作品上署名的权利，也称为"确认作者身份权"。作者还可以选择不署名，署名也可以署笔名、假名、译名等。

（3）修改权，即修改或授权他人修改自己创作的作品的权利。修改是对作品内容作局部的变更以及对文字、用语进行修正，而不是将作品从一种类型改编为另一种类型。

（4）保护作品完整权，是指作者保护其作品的内容、观点、形式等不受歪曲、篡改的权利。

著作财产权，是指作者通过自己使用或者许可他人使用作品获得经济回报的权利。著作财产权具体包括以下内容。

（1）复制权，即将作品制作成一份或者多份复制件的权利，具体方式可以是印刷、复印、拓印、录音、录像、翻录、翻拍、数字化等。

（2）发行权，指以出售或者赠与方式向公众提供作品的原件或者复制件的权利。例如，作者将自己的文章打印数十份送给亲朋好友也属于"发行"。

（3）出租权，指有偿许可他人临时使用视听作品、计算机软件的原件或者复制件的权利。出租权主要针对的是那些容易通过计算机进行复制的作品，纸质书籍并不在内。

（4）展览权，指公开陈列美术作品、摄影作品的原件或者复制件的权利。展览权对其他类型的作品并没有太大意义，如将一部热门小说逐页打印出来放在美术馆进行展览，基本上不会有读者专门过去观看。

（5）表演权，指公开表演作品，以及用各种手段公开播送作品的表演的权利。这里的公开表演指的是现场表演，如在舞台上表演话剧、演奏乐曲等。

（6）放映权，指通过放映机、幻灯机等技术设备公开再现美术、摄影、视听作品等的权利。

（7）广播权，指以有线或者无线方式公开传播或者转播作品，以及通过扩音器或者其他传送符号、声音、图像的类似工具向公众传播广播的作品的权利，但不包括信息网络传播权。

（8）信息网络传播权，指以有线或者无线方式向公众提供，使公众可以在其选定的时间和地点获得作品的权利。在信息网络传播权中，公众获得作品的时间和地点可以由自己决定，只要连上互联网，公众随时随地都能观看网上的小说、视频。

（9）摄制权，指以摄制视听作品的方法将作品固定在载体上的权利。

（10）改编权，指改变作品，创作出具有独创性的新作品的权利。例如，将小说改编成剧本、漫画等。

（11）翻译权，指将作品从一种语言文字转换成另一种语言文字的权利。例如，将一本中文小说翻译成英文。

（12）汇编权，指将作品或者作品的片段通过选择或者编排，汇集成新作品的权利。例如，筛选不同诗人的代表诗歌，编排成一本诗集。

实践练习

1.说一说作品的著作权归属于谁？

2.试着创作一个作品，并与家人或同学分享。

3.说出你最喜欢的一本书，并与同学分享喜欢它的理由。

| 第三节 |

著作权的保护

问题提出

　　小明写了一篇自己很满意的文章，他是否拥有了这篇文章的著作权？小东在未经小明允许的情况下，把小明的这篇文章上传到网上，是否侵犯了小明的著作权？

学习目标

　　1.了解如何取得著作权。

　　2.了解为什么要保护版权。

　　3.了解侵犯著作权需要承担哪些法律责任。

学习探究

☆ 著作权的取得

　　与绝大多数国家和地区类似，我国著作权法采用自动保护原则。**著作权自作品创作完成之日起产生**。作品一经产生，即享有著作权，既不要求登记，也不要求发表，也无须在作品上加注著作权标记。

　　著作权这种自动取得的方式有利于节约社会成本，但也会给权利人维权带来一定的困难。在互联网时代，由于信息传播和复制的速度非常快，作品一经广泛流传，要证明原始作者的身份就比较困难，因此，著作权登记是证明权利人作者身份的办法之一。这种登记并不是取得著作权保护的

前提条件，但登记证书可以作为权利人享有著作权的初步证明，在诉讼中可以作为权属证据使用。

在我国，作品登记机关是国家版权局和各省、自治区、直辖市版权局。

☆ 为什么要保护版权

版权涵盖文学、艺术和科学领域内的一切智力成果，覆盖文化创作、生产、传播、使用、交易全链条，它关系发展先进文化生产力，关系保护民族文化创造力，关系提升国家文化软实力，既具有典型的知识产权属性，又具有鲜明的文化和意识形态属性。

为什么要保护版权？

保护版权就是保护创造。如果我们创作的文字、音乐、美术、软件等各类作品得不到有效保护，被他人随意剽窃盗版，那么我们的创作劳动就得不到承认和认可，将极大地制约创作者的创作热情，甚至导致创作者不愿意继续创作，从而使社会大众享受不到丰富的智力成果和知识所带来的乐趣，影响社会的文明进步。

保护版权是保护创作者权利的需要。创作作品花费了作者大量时间和精力，侵权盗版、剽窃他人作品，将严重损害创作者的合法权益。

保护版权是保护消费者权益的需要。盗版制品粗制滥造，容易误导广大消费者，损害消费者的权益。

资料卡

佛山市再添"金字招牌"！成为全国版权示范城市

2023年6月8日，第十九届中国（深圳）国际文化产业博览交易会上，中宣部（国家版权局）为佛山颁发"全国版权示范城市"牌匾。自此，佛山又多了一个"国字号"荣誉，成为17个全国版权示范城市之一。

自2019年12月获得全国版权示范城市创建资格以来，佛山把创建全国版权示范城市作为提高创新支撑能力、优化创新生态系统、打造一流营商环境的重要抓手，促进版权创造、运用、保护、管理、服务全链条提升。

佛山市创建全国版权示范城市标识（logo）的设计，是将佛山拼音"foshan"首字母"F、S"作为设计构思，以佛山功夫作为设计理念，运用毛笔笔触的苍劲有力的视觉效果作为设计手法，结合设计而成。"F"形似一个武者做抬腿出拳的气势；

"S"犹如抬腿后招式一团气，极具动感和气势。外围一圈毛笔围绕，形似字母"C"，是版权的英文copyright的意思，寓意佛山保护版权创作、打击盗版的坚定决心。logo主色调是橙色和绿色，橙色象征积极、乐观、热情；绿色象征着创新、和平、和谐。整体设计视觉冲击力大，很好地糅合了传统文化特色和现代气息。该标识有浓郁的佛山特色，设计简约、色彩明快，展现出佛山版权事业的朝气蓬勃，充满生机活力。

☆侵犯著作权的法律责任

著作权中包括著作人身权和著作财产权，对于侵犯著作人身权的行为，侵权人应当承担停止侵害、消除影响、赔礼道歉、赔偿损失的民事责任；对于侵犯著作财产权的行为，侵权人应当承担停止侵害、赔偿损失的民事责任。如果发生《著作权法》第五十三条规定的严重侵犯著作权的行为，侵权人在承担民事责任的同时，还有可能承担被主管著作权的部门责令停止侵权行为，予以警告，没收违法所得，没收、无害化销毁处理侵权复制品，并处罚款等行政责任。侵权行为如果构成犯罪，则依法追究侵权人的刑事责任。

我国《著作权法》第五十三条规定：

有下列侵权行为的，应当根据情况，承担本法第五十二条规定的民事责任；侵权行为同时损害公共利益的，由主管著作权的部门责令停止侵权行为，予以警告，没收违法所得，没收、无害化销毁处理侵权复制品以及主要用于制作侵权复制品的材料、工具、设备等，违法经营额五万元以上的，可以并处违法经营额一倍以上五倍以下的罚款；没有违法经营额、违法经营额难以计算或者不足五万元的，可以并处二十五万元以下的罚款；构成犯罪的，依法追究刑事责任：

（一）未经著作权人许可，复制、发行、表演、放映、广播、汇编、通过信息网络向公众传播其作品的，本法另有规定的除外；

（二）出版他人享有专有出版权的图书的；

（三）未经表演者许可，复制、发行录有其表演的录音录像制品，或者通过信息网络向公众传播其表演的，本法另有规定的除外；

（四）未经录音录像制作者许可，复制、发行、通过信息网络向公众传播其制作的录音录像制品的，本法另有规定的除外；

（五）未经许可，播放、复制或者通过信息网络向公众传播广播、电视的，本法另有规定的除外；

（六）未经著作权人或者与著作权有关的权利人许可，故意避开或者破坏技术措施的，故意制造、进口或者向他人提供主要用于避开、破坏技术措施的装置或者部件的，或者故意为他人避开或者破坏技术措施提供技术服务的，法律、行政法规另有规定的除外；

（七）未经著作权人或者与著作权有关的权利人许可，故意删除或者改变作品、版式设计、表演、录音录像制品或者广播、电视上的权利管理信息的，知道或者应当知道作品、版式设计、表演、录音录像制品或者广播、电视上的权利管理信息未经许可被删除或者改变，仍然向公众提供的，法律、行政法规另有规定的除外；

（八）制作、出售假冒他人署名的作品的。

实践练习

1.我们为什么要保护版权？

2.下面哪些情况可以取得作品的著作权？（　　）

A.甲写了一部小说

B.乙画了一幅山水画

C.丙绘制了一张产品设计图

D.丁从网上下载了一张照片

3.下列哪些行为侵犯了他人的著作权？（　　）

A.未经许可将他人拍摄的短视频上传至网站

B.抄袭他人的文章

C.将自己拍摄的照片上传到网上

D.在网上出售盗版图书

第五章

弘扬创新文化，
建设知识产权强国

| 第一节 |

走好中国特色知识产权发展之路

问题提出

当前，我国正在从知识产权引进大国向知识产权创造大国转变，知识产权工作正在从追求数量向提高质量转变。我国知识产权保护工作取得了哪些历史性成就？

学习目标

1.了解我国知识产权保护工作取得的历史性成就。

2.知道我国知识产权强国建设的目标。

学习探究

☆我国知识产权保护工作取得了历史性成就

2020年11月30日，中共中央总书记、国家主席、中央军委主席习近平在主持中央政治局第二十五次集体学习时强调，知识产权保护工作关系国家治理体系和治理能力现代化，关系高质量发展，关系人民生活幸福，关系国家对外开放大局，关系国家安全。全面建设社会主义现代化国家，必须从国家战略高度和进入新发展阶段要求出发，全面加强知识产权保护工作，促进建设现代化经济体系，激发全社会创新活力，推动构建新发展格局。

我国知识产权事业不断发展，走出了一条中国特色知识产权发展之路，知识产权保护工作取得了历史性成就。回望我国知识产权发展历程，我们用了几十年时间，走过了发达国家几百年的发展道路，实现了从无到有、从小到大的历史性跨越，成为一个名副其实的知识产权大国。

中华人民共和国成立后不久，我国就对知识产权保护工作进行了积极探索。党的十一届三中全会以后，我国知识产权工作逐步走上正规化轨道。2008年《国家知识产权战略纲要》颁布实施，知识产权上升为国家战略。党的十八大以来，党中央把知识产权工作摆在更加突出的位置，习近平总书记作出一系列重要指示。组建国家市场监管总局，重新组建国家知识产权局，实现了专利、商标、原产地地理标志、集成电路布图设计的集中统一管理和专利、商标的综合执法，行政管理效能大幅提升。成立多家知识产权法院，最高人民法院挂牌成立知识产权法庭，知识产权司法保护显著加强。

截至2022年年底，我国发明专利有效量达421.2万件，每万人口高价值发明专利拥有量达9.4件，PCT国际专利申请量连续4年位居全球第一；有效商标注册量达4267.2万件；累计批准地理标志产品2495个，核准地理标志作为集体商标、证明商标注册7076件；集成电路布图设计累计发证6.1万件，牢固确立了知识产权大国地位。

2022年我国知识产权转化运用支撑经济高质量发展，全国专利密集型产业增加值达到14.3万亿元，占国内生产总值比重12.4%。知识产权使用费进出口总额累计达2.19万亿元，年均增长13.7%。知识产权质押融资十年增长超10倍，迈上4000亿元台阶。全球最具价值品牌500强中，中国占84个，十年增长52个，总价值达1.6万亿美元。地理标志专用标志使用市场主体超2.3万家，地理标志产品年直接产值超7000亿元。我国全球创新指数排名从2012年的第34位上升至2022年的第11位，成功进入创新型国家行列，开启了实现高水平科技自立自强、建设科技强国的新阶段。

从无到有、由弱变强、由多向优，我国走出了一条中国特色知识产权发展之路。

港珠澳大桥

☆ 我国知识产权强国建设的目标

2021年，中共中央、国务院印发了《知识产权强国建设纲要（2021—2035年）》（以下简称《纲要》），描绘出我国加快建设知识产权强国的宏伟蓝图。我国从知识产权引进大国向创造大国转变、知识产权工作从追求数量向提高质量转变。《纲要》确立了知识产权强国建设的两个具体目标。

第一个目标是，到2025年，知识产权强国建设取得明显成效，知识产权保护更加严格，社会满意度达到并保持较高水平，知识产权市场价值进一步凸显，品牌竞争力大幅提升，专利密集型产业增加值占国内生产总值比重达到13%，版权产业增加值占国内生产总值比重达到7.5%，知识产权使用费年进出口总额达到3500亿元，每万人口高价值发明专利拥有量达到12件。

第二个目标是，到2035年，我国知识产权综合竞争力跻身世界前列，知识产权制度系统完备，知识产权促进创新创业蓬勃发展，全社会知识产权文化自觉基本形成，全方位、多层次参与知识产权全球治理的国际合作格局基本形成，中国特色、世界水平的知识产权强国基本建成。

世界知识产权组织发布的《2022年全球创新指数报告》显示，中国排名第11，较2021年再上升1位，连续十年稳步提升，位居36个中高收入经济体之首。中国在报告中9项细分指标排名全球第一。创新投入方面，国内市场规模，提供正规培训的公司占比，阅读、数学和科学PISA（国际学生评估项目）量表3个细分指标排名第一，国内产业多元化、产业集群发展情况2个细分指标排名第二，全球研发公司前三位平均支出、高校排名前三位平均分、资本形成总额国内生产总值占比、企业供资GERD（研发支出总额）占比4个细分指标排名第三。创新产出方面，本国人专利申请量、本国人实用新型申请量、本国人工业品外观设计申请量、本国人商标申请量、劳动力产值增长、创意产品出口在贸易总额中的占比6个细分指标排名第一。在知识产权高质量发展指标方面，2021年，中国品牌总价值达1.9万亿美元，同比增长7%，全球排名第18，其中，中国工商银行在全球银行业排名第一，华为在全球科技行业排名第二；风险投资规模达940亿美元，同比增长84%，全球排名第16。2020年，高新技术产品出口值达7577亿美元，同比增长6%，全球排名第四；高科技制造业占制造业的比重达48.1%，较2018年增长1个百分点，全球排名第14；知识产权收入达89亿美元，同比增长34%。

思考： 根据以上资料，你认为我国创新型国家建设是否取得决定性成就？为什么？

实践练习

1.根据《知识产权强国建设纲要（2021—2035年）》提出的目标，到（　　），我国基本建成中国特色、世界水平的知识产权强国。

A.2025年　　B.2030年　　C.2035年　　D.2050年

2."塑造尊重知识、崇尚创新、诚信守法、公平竞争的知识产权文化理念。加强教育引导、实践养成和制度保障，培养公民自觉尊重和保护知识产权的行为习惯，自觉抵制侵权假冒行为。"根据你对这段话的理解，结合实际谈一谈自己如何从自身做起，从身边的小事做起，尊重和保护知识产权。

| 第二节 |

我们播下知识产权的种子

问题提出

————————————

　　青少年是祖国的未来，培养青少年的知识产权意识和创新精神，把创新创造与知识产权制度结合起来，将为我国成为创新型国家奠定基石。如何才能在同学们心中播下知识产权的种子？如何评选知识产权创造和保护标兵？

学习目标

————————————

　　1.知道知识产权保护"十个一"活动。

　　2.了解如何播下知识产权的种子。

　　3.通过开展知识产权创造和保护标兵的评选活动，培养学生的创新意识。

学习探究

☆知识产权保护"十个一"活动

　　同学们的知识产权保护行动，内容可以丰富多彩，形式可以多种多样。以下"十个一"活动形式，同学们不妨试试，说不定很快就能成为知识产权创造和保护的"小达人"。

讲一讲

　　可以讲自己有关知识产权创造和保护的经历，例如把自己关于发明与

专利申请的故事说给同学或家长听。还可以
讲自己对知识产权的见闻，哪怕是一篇新闻
报道、一个有趣故事、一句话、一件小事，
都可以分享。

听一听

听老师关于知识产权的专题讲座，听当
地企业关于商标注册或品牌创建的历程介绍，听发明人关于发明的故事。也
许你可以从中受到启发和帮助，还可能不知不觉地喜欢上知识产权。

看一看

看看关于小发明的一些视频，看看哪些专利特别有趣，说不定你一看
就明白了这些发明或专利背后有什么奥秘。看看你喜欢的大作家都有哪些
作品，没准儿你就是下一位小作家。

写一写

参加保护知识产权的签名活动，写下
保护知识产权的宣言。哪怕是一句话、一个
口号，都可以写，都值得写。

做一做

参加科技创新、小制作、小发明、小
商标展评活动。争当未来的小发明家、小设计师。

找一找

寻找当地有哪些品牌企业或专利发明人，寻找自己或他人的发明有哪
些创新点。

议一议

对正版和盗版展开讨论。

唱一唱

唱一唱有关创新和知识产权保护的歌曲。例如《一起创造》《护航》
《守护创新》等歌曲。

评一评

评出本班或本校的知识产权创造和保护标兵。

展一展

把自己的小发明、小商标、文学或艺术作品，以个人或小组形式在学校或社区进行推介和展示，也可以在班主任支持下设立创新展示角、创新宣传栏。

☆ 播下知识产权的种子

如何向青少年普及"尊重知识、崇尚创新、诚信守法、公平竞争"的知识产权文化理念？可以从播下知识产权的四颗种子做起。

诚信守法的种子

在自己的日常行为中，努力做到讲规矩、守诚信。例如，作业不抄袭，考试不作弊，在生活和学习中遵纪守法，做个诚信守法的好学生。

创新的种子

善于观察和思考，敢于质疑，善于质疑。不人云亦云，不死读书，不照搬照抄作业，遇事多想为什么，有自己的看法，敢于创新，动手尝试进行发明创造，进行一些科学实验。

尊重知识产权的种子

尊重他人的智力成果，保护自己的智力成果。争取在老师的帮助和家长的支持下，对自己的智力成果进行保护，如申请专利、发表文章等。

公平竞争的种子

在集体竞争性活动中，讲究诚信协作，不徇私舞弊；反对不正当竞争，不搞欺骗性竞争。

☆ **评选知识产权创造和保护标兵**

同学们可以发挥自身特长和优势，通过写、讲、做、唱、评等形式，做知识产权的宣传者、实践者和推动者。例如，写保护知识产权的宣言、倡议或者标语，讲保护知识产权的故事，做创意设计作品、保护知识产权的电子报或手抄报，唱保护知识产权的歌曲，评选知识产权创造和保护标兵。

为了鼓励同学们投身知识产权创造和保护活动，可以每学期或每学年组织一次评选知识产权创造和保护标兵的活动，使大家学习有榜样。评分及参考标准如下：

评分指标	评价内容	自评	互评
思想意识（30分）	有为祖国振兴而创新的思想		
	诚信意识，有"守信光荣、失信可耻"的心理		
	守法意识，能遵守知识产权法律法规		
	创新意识和情感，有尊重知识的意识，崇尚创新的情感		
	维权意识，能尊重他人的知识产权和保护自己的知识产权		
行为表现（40分）	关注科技创新，认真学习创新和知识产权知识		
	积极参加校内外科技创新和知识产权保护活动，做知识产权的创造者		
	养成不抄袭、不侵权和不购买非法（盗版）产品的行为习惯，做知识产权的保护者		
	诚信诚实做人，依法依规办事，讲信用，守规矩，遵纪守法		

成果情况 （30分）	有创新成果，包括创新作品、艺术作品等。有申请专利、发表文章的适当加分		
	在参加校内外科技创新和知识产权比赛中获奖的，按级别适当加分		
	其他相关成果，可适当加分。如参加歌颂创新活动、组织创新活动、与侵权和抄袭行为作斗争		

实践练习

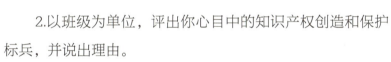

1.你对培养青少年的知识产权意识和创新精神有什么好建议？

2.以班级为单位，评出你心目中的知识产权创造和保护标兵，并说出理由。

后记

　　本书反映了我国中小学知识产权教育最新研究成果，凝聚了参与编写的教育专家、一线教师的集体智慧。得到了知识产权出版社李陵书编辑的精心指导，得到了高秀玲教授和刘志伟名师工作室成员刘天荣、赖进铭等老师的大力支持。本书的部分资料还参考了国家知识产权局组织编写的《全国中小学知识产权教育示范读本（试用本 第2版）》的一些内容。对此，我们表示衷心的感谢！

　　我们真诚地希望广大教师、学生及家长在使用本书的过程中提出宝贵意见，并将这些意见和建议及时反馈给我们。让我们携起手来，共同做好中小学知识产权读本的编写工作！

　　电子邮箱：754590608@qq.com